AF335880

# RÉFORMONS!

## LE DANGER. — LE SALUT

CLERMONT. — IMPRIMERIE A. DAIX.

# ÉCONOMIE SOCIALE

# RÉFORMONS !

## LE DANGER

LE PAUPÉRISME — L'INTERNATIONALE

## LE SALUT

LE PATRONAGE

La Réforme morale — Les Sociétés de patronage
Les hautes Etudes
La Liberté testamentaire — La Reconstitution des Provinces

PAR

ANATOLE HUDAULT

*PARIS*

E. DENTU, LIBRAIRE-ÉDITEUR

PALAIS-ROYAL, 17 ET 19, GALERIE D'ORLÉANS

—

1871

# RÉFORMONS !

———

Tous les esprits de quelque portée se posent en ce moment cette terrible question : Où va la France ? Où va le monde ? — L'horrible crise que nous venons de traverser a jeté dans nos cœurs ce trouble, cette anxiété qui ont toujours été les signes avant-coureurs des grands bouleversements enregistrés par l'histoire : au bruit retentissant de nos malheurs, comme jadis à la voix menaçante des prophètes et des sybilles, de sombres et mystérieux pressentiments ont passé comme un souffle sur les nations, et le monde a tressailli. — Alors se sont dressées devant nous, avec un intérêt poignant, ces questions pleines d'épouvante ; elles se sont imposées à notre esprit et l'ont violemment captivé : car il aurait fallu être aveugle pour ne pas voir toute l'étendue et toute la gravité du mal social qui nous ronge. — Mais quelle est exactement la nature de ce mal ? Sommes-nous absolument à la merci de sa fatale puissance ; ou existe-t-il quelque remède capable, sinon de la faire disparaître entièrement, au moins de diminuer son intensité? Tels sont les deux points sur lesquels nous avons dû concentrer toute notre attention et que nous comptons développer dans cette étude.

Quant à nous, nous sommes convaincu que le remède existe, et que notre sort dépend de l'énergie que nous mettrons à l'appliquer. C'est cette conviction profonde qui nous a déterminé à adresser cet appel à tous les hommes de bonne volonté, en même temps qu'au pouvoir qui représente et gouverne le pays.

---

# LE DANGER

**Le Paupérisme. — L'Internationale.**

La France va où va toute l'Europe occidentale, à une ruine imminente ; et les Etats-Unis suivent de près l'Europe occidentale. La Russie et les états de l'extrême Nord, moins compromis jusqu'à ce jour, seront naturellement entraînés dans le fatal tourbillon à une époque qui ne saurait être bien éloignée et que l'on pourrait presque assigner déjà. Nous ne parlons pas de l'Afrique, qui, dans sa plus grande partie, est encore presque sauvage ; de l'Asie qui est dans l'abrutissement ; de l'Amérique du Sud dont la civilisation n'a jamais été à la hauteur de la nôtre. — Est-ce à dire que le salut soit impossible, non certes ; mais voyons d'abord le mal.

Ainsi que nous le prouverons, ce mal est le paupérisme, et il a son origine dans les défaillances du patronage.

Le paupérisme est la maladie de ceux qui, privés de tradition, de patronage, de religion, d'esprit de famille, sans foyer et sans épargne, vivent au jour le jour d'un salaire, parfois très-élevé, mais toujours incertain.

Ce mal a toujours existé ; mais le nom particulier sous lequel nous le désignons, ne lui a été appliqué que dans ces derniers temps, lorsque son effrayante extension créa un péril sérieux pour la société. Quant à ses victimes, on ne les a pas encore caractérisées par un nom en rapport avec leur mal, et nous les désignerons, pour plus de commodité, sous le nom de paupéristes (1) dans la suite de cette étude.

Si nous tremblons pour notre épargne, si la sécurité même de notre vie ne nous paraît pas suffisamment assurée, ne nous en prenons qu'à nous-mêmes : c'est nous, — classes dirigeantes, — qui avons créé le paupérisme ; les paupéristes ne sont que ce que nous les avons faits.

Pour expliquer les progrès de ce mal social nous n'aurons qu'à retracer l'historique de le décadence du patronage ; c'est ce que nous allons essayer de faire pour les derniers siècles. — Si nous nous sommes égarés, ce n'est d'ailleurs qu'en suivant la voie qui nous était tracée par les divers gouvernements qui ont successivement présidé à nos destinées. « Les pouvoirs publics, dit M. Le Play, se sont presque toujours employés, pendant le dernier siècle de l'ancien régime, à ruiner la constitution sociale de notre pays. La révolution, conséquence fatale de ce désordre, a parfois atténué le mal ; mais souvent aussi elle l'a aggravé. Enfin les gouvernements postérieurs ont trouvé des palliatifs plutôt que des remèdes. » (2) M. Le

(1) Nous ne nous dissimulons pas ce que cette dénomination peut avoir d'impropre, puisqu'on appelle socialistes les adeptes du socialisme, tandis que nous appelons paupéristes les victimes du paupérisme. Si nous avons manqué d'analogies pour créer un meilleur terme, la faute en est à ceux qui ont donné au mal social, qui atteint certains individus, un nom calqué sur ceux qui représentent plus particulièrement un système social. — Nous n'avons pu, d'un autre côté, avoir recours au nom de prolétaire, qui ne correspond pas exactement à notre pensée.

(2) M. F. Le Play, — La *Réforme sociale*, conclusion.

Play paraît ensuite tenté de faire une exception en faveur du second empire ; mais, si modeste qu'elle soit, nous ne pouvons la laisser passer sans protestation, car, selon nous, aucun gouvernement n'a travaillé avec une audace plus cynique à la propagation du désordre social.

Sous Louis XIV, la principale classe dirigeante abandonne la province pour venir parader à la cour du grand roi ; si elle se souvient encore de ceux que des habitudes séculaires mettaient sous sa protection, ce n'est que pour leur faire suer de jour en jour plus abondamment l'or destiné à entretenir son luxe insensé. Sous Louis XV, elle démoralise par l'exemple de ses débauches et la contagion de son immoralité ceux qu'elle avait d'abord édifié par la pratique de toutes les grandes vertus ; elle renie son antique foi, et se lance dans le scepticisme, en entraînant avec elle dans cette voie funeste une partie de la nation. — 89 vint faire justice. — 93 fut la grande punition. Dès lors, la tradition était rompue.

Le patronage ne s'impose ni d'un côté ni de l'autre, il doit être aussi noblement accepté, que généreusement accordé ; et pour le faire accepter il n'y a pas de plus précieux auxiliaire que la tradition. Les hommes de la révolution le savaient bien ; aussi eurent-ils soin, non seulement de rompre brusquement avec le passé, mais encore d'organiser les nouvelles institutions de telle sorte qu'il fût presque impossible de reformer une tradition : à cet effet, ils rendirent obligatoire la division des héritages, et ils morcellèrent les provinces en départements soumis à une centralisation abusive. Privé de cet appui, le patronage ne pouvait plus exister qu'au prix d'immenses efforts : où autrefois il suffisait d'une certaine position et d'une vertu médiocre, il fallait désormais un mérite réel et une vertu supérieure.

Il existait encore avant la révolution une sorte de patronage secondaire, accompagné il est vrai de sérieux abus, qui succomba également dans la tourmente : nous voulons parler des corporations d'états. Tout n'était pas mauvais dans ces institutions, qui contribuaient tout au moins puissamment à maintenir la tradition par l'esprit dont elles s'inspiraient. Et ce qui prouve que les démolisseurs d'alors eurent plus en vue d'anéantir cet esprit que d'émanciper les travailleurs, c'est que leurs fidèles continuateurs voudraient aujourd'hui revenir à l'ancienne organisation, en la dotant d'un esprit nouveau, de manière à n'en faire revivre que les abus.

Les immenses et rapides fortunes qui signalèrent l'empire, et surexcitèrent à cette époque toutes les ambitions, rendirent les classes inférieures encore plus rebelles au patronage.

Enfin, il reçut le dernier coup par l'extension inconsidérée de la grande industrie : le point de vue économique faisant oublier le point de vue social, on confondit la richesse avec la prospérité, et l'on encouragea de tous côtés la formation de ces immenses agglomérations où les ouvriers, sans rapport avec le patron, sont privés de toute direction morale.

Le paupérisme atteignit alors des proportions qu'il n'avait pas eu depuis la décadence de l'empire romain. C'est sur ce terrain malsain que germèrent le socialisme et le communisme, qui s'épanouirent en 1848. Une compression de dix-huit années déroba le mal à nos regards, mais de nouveaux germes se développaient dans l'ombre, plus vénéneux que les précédents, et l'année 1871 vit surgir les idées de communalisme et de fédération.

Nous n'avons tracé que pour la France l'historique du paupérisme ; s'il n'est pas le même partout, le résultat n'en est pas moins presque identique dans tous les pays les plus civilisés, et l'immense développement qu'y a pris ce fléau des sociétés modernes nous est prouvé par des chiffres incontestables. (1)

(1) Cet assertion est amplement justifiée par l'extrait ci-dessous du compte-rendu donné par le *Journal officiel* de l'intéressante étude de M. Oscar Testu sur l'*Association internationale des travailleurs* qui n'est, comme nous le prouverons, que l'organisation des paupéristes.

« Cette association, qui ne date que de 1864, compte aujourd'hui huit millions d'adhérents.

« Quatre fédérations se partagent la France : la Parisienne, la Rouennaise, la Lyonnaise, la Marseillaise.

« A Paris, presque toutes les sociétés ouvrières se sont fédérées et adhèrent à l'Internationale. Une section allemande a été constituée dans le courant de l'année dernière. La fédération lyonnaise réunit plus de trente corps de métiers ; elle a fondé des sections à Saint-Etienne, à Neuville-sur-Saône, à Vienne, à Saint-Symphorien d'Ozon. Dans la fédération rouennaise sont groupés les calicotiers de l'arrondissement de Rouen, les tisseurs et tisseuses, les tanneurs, les corroyeurs, les charpentiers, les lithographes, les tisseurs de bretelles, les fileurs de coton de l'arrondissement de Saint-Sever et du canton de Grand-Couronne, d'autres sociétés ouvrières encore. Vingt-sept sociétés affiliées composent la fédération marseillaise.

« En dehors des quatre fédérations, il faut citer encore les sections d'Aix, de La Ciotat, de Brest, de Mulhouse, de Besançon, d'Elbœuf, de Limoges, de Roubaix, de Cambray, du Mans, de Reims, de Cossé, de Tourcoing, du Creuzot, de Fourchambault, de Bordeaux, de Villefranche, dans le Rhône, de Truveau, de Tournon, de Crest, de Caen, de Condé-sur-Noireau.

« En Belgique, l'Internationale a pris un développement énorme. Elle ne comprend pas moins de neuf fédérations, et le seul bassin de Charleroi en forme quatre. « Il ne se passe pas de semaine, dit M. Testut, sans que plusieurs sections ne soient fondées. »

« La Suisse est aujourd'hui un des centres les plus importants de l'association. Les sections y sont au nombre de cinquant-trois ; les plus considérables sont celles de Genève, de Bâle, de Neuchâtel, du Locle, de la Chaux-de-Fonds, de Zurich.

« Les adhérents à l'Internationale se multiplient en Italie : à Milan, à Gênes, à Florence ; la section de Naples ne compte pas moins de trois mille membres.

« En Autriche, où une loi défend toute relation avec les associa-

Disons seulement un mot de l'Angleterre, qui est peut-être encore plus malade que nous, par suite de l'extension immense de la grande industrie et de l'infimité de la propriété agricole. Le mal y est moins patent à cause de l'union puissante des classes dirigeantes, qui en paralysent momentanément les manifestations; mais la situation de ce pays fait penser aux flancs d'un volcan,

tions étrangères, les ouvriers s'associent et suivent les principes de l'Internationale isolément. Dès le mois de mars 1869, 10,000 ouvriers, à Vienne, avaient adhéré à ses statuts, 1,200 à Rechenau, 600 à Lintz, 6,800 dans le Tyrol et les contrées avoisinantes, 6,000 en Bohême et en Silésie, 2,500 à Pesth et à Temesvar.

« En Allemagne, presque toutes les sociétés ouvrières sont affiliées. Le congrès de Nuremberg, en 1868, représentait plus de 200 sociétés du nord et du sud. En 1869, la société générale allemande des ouvriers, à Berlin, déclarait qu'elle adoptait le programme de l'Internationale. Le comité central est à Leipsig; le nombre des affiliés dépasse un million.

« L'Angleterre a été le berceau de l'association, et c'est Londres qui en est encore le centre le plus important. A très-peu d'exceptions près les sociétés ouvrières anglaises sont affiliées. L'association des charpentiers comprend à elle seule deux cent trente sections, et son fonds social ne s'élève pas à moins de deux millions de francs. La *Trade-Union* (*Association d'ouvriers*) des mécaniciens n'a pas moins de trois cent huit branches, celle des charpentiers en a cent quatre-vingt-dix.

« En Hollande, des sections se sont formées à Amsterdam, à Arnhem, à Oosterbeck et à Rotterdam.

« Une section a été constituée en Russie.

« Madrid a un conseil fédéral qui réunit vingt sections ; un autre centre à Cadix comprend quatorze sections. A Barcelonne, trente-huit associations ouvrières sont affiliées. Toutes celles des Baléares sont fédérées.

« En août 1869, un congrès organisé à Philadelphie, par le *National Labour Union*, fédération des *Trades Unions*, plus de huit cent mille ouvriers étaient représentés. Le *National Labour Union* est aujourd'hui affilié à l'Internationale. L'assemblée générale des ouvriers allemands des Etats-Unis a voté son affiliation à la fin de l'année 1869.

où, sous une couche de lave refroidie, circulent des torrents de lave incandescente : qu'une fissure vienne à se produire et les flots dévastateurs bouillonneront à la surface.

Un des caractères essentiels de la sociabilité humaine est le sentiment instinctif qui pousse les hommes, réunis en société, à opérer entre eux ce qu'on a appelé la division du travail ; mais cette division, pour être juste et légitime, doit être subordonnée à ce principe fondamental que le travail de chacun profite à tous : méconnaître ce principe, c'est ébranler fatalement les bases même de la société. Celui qui travaille de ses bras doit subvenir aux besoins matériels de celui qui travaille de l'esprit ; mais, à son tour, celui-ci doit subvenir aux

« L'Internationale devait avoir sa presse spéciale. Ses journaux sont déjà nombreux. Deux paraissent en France, six en Belgique, neuf en Suisse, trois en Allemagne, un en Italie, six en Espagne, un en Autriche, un en Amérique, trois en Hollande.

« Ainsi, en moins de sept mois, l'Internationale a conquis une portion énorme de la population ouvrière en Europe et en Amérique : elle espère bien la conquérir tout entière. Trente-deux journaux aident à la propagande et il n'y a pas de région si lointaine où elle ne se promette de pénétrer.

« Une association s'est formée en Chine et dans l'Inde qui a pris le nom de Société fraternelle du Ciel et de la Terre. Elle a publié un manifeste où elle déclare hautement « qu'elle se croit appelée par l'Être suprême à faire disparaître le déplorable contraste qui existe entre la richesse et la pauvreté. » Et plus loin : « Quand la grande majorité des villes et des campagnes aura prêté serment à l'Union fraternelle, l'ancienne société tombera en poussière et l'on bâtira l'ordre nouveau sur les ruines de l'ancien. » Aussitôt que ce document était signalé en Belgique, un des journaux de l'International invitait ceux des amis de l'association qui auraient des relations avec la Chine et avec l'Inde à ne rien négliger « pour amener un heureux rapprochement » entre l'Internationale et la Société fraternelle du Ciel et de la Terre. » — *Journal officiel*, n° du 29 mai 1871.

besoins moraux du premier. Ce dernier n'a pas plus le droit que le premier de se refuser à cet échange, qui doit toujours être réciproque ; si sa coopération, qui n'est autre que le patronage, vient à faire défaut, l'ordre social sera profondément troublé. Car celui qui est astreint au travail physique est incapable d'acquérir, à lui tout seul, même dans une mesure restreinte, la force et l'élévation que la culture donne à l'intelligence : privé de l'appui moral, qu'il était en droit d'attendre en échange de ses services physiques, il sera donc livré sans défense à ses appétits brutaux.

Que deviendra-t-il sous cette pernicieuse influence ? Les exemples sont là, et ne nous le montrent que trop. Absorbé par son labeur quotidien, il perdra peu à peu la tradition, ou sera tout au moins incapable de la transmettre intacte à ses enfants. Comme il n'y aura plus à côté de lui, et au-dessus de lui, une intelligence supérieure capable de lui rappeler, avec une influence suffisante, ses devoirs et ses obligations morales, il sera à la merci des misérables qui flatteront ses passions pour lui inculquer les doctrines les plus perverses. (1) — Que sera-ce encore si celui qui avait mission d'être un guide sûr et éclairé se fait lui-même le propagateur de ces funestes doctrines ; si, par son exemple, il enseigne le mépris de tout devoir, de toute obligation morale !

Le sentiment religieux succombera tout d'abord : car, en même temps qu'elle est la suprême consolation, la religion est le frein le plus puissant contre l'emporte-

(1) « Emmailloté dès sa naissance dans les triples langes de la famille, de la patrie, de la religion, bercé dans le respect de la propriété quelle qu'elle soit, le prolétaire ne peut devenir quelque chose qu'à la condition d'anéantir tout cela et de rejeter bien loin de lui ces vieilles défroques de la barbarie héréditaire. »
*Droits des travailleurs,* par Edwards Sunnez, secrétaire de *l'Internationale. — Londres* 1867.

ment de nos passions. Il est si facile de faire croire à celui qui se trouve opprimé que ce frein n'a été inventé par ses oppresseurs que pour l'abuser et le maintenir dans une perpétuelle sujétion : ce n'est après tout que l'éternelle histoire du genre humain; le génie du mal ne s'y prit pas autrement pour tenter le premier homme : « Mangez, dit-il, de ce fruit et vous serez semblable à Dieu. » Livrez-vous à l'impiété et au septicisme et, secouant l'antique esclavage, vous serez les maîtres à votre tour.

En perdant le sentiment religieux, le paupériste perd tout ce qui faisait sa consolation : l'espoir d'une compensation au-delà de la mort. La notion du mérite et du démérite s'obscurcit en lui, et il n'a plus pour règle de ses actions que son intérêt personnel. Encore n'envisage-t-il que l'intérêt du moment, sa vue n'allant pas au-delà de l'heure présente : son salaire quotidien est dépensé d'avance, d'autant plus vite même que par son élévation, il frappera davantage son imagination et lui permettra des dépenses plus extravagantes, Car la perturbation est telle dans son esprit, qu'en général plus le salaire est élevé et plus l'épargne est rare.

Ses vieux parents lui sont une trop lourde charge, il les abandonne. Le lien le plus puissant et le plus sacré, le mariage, n'existe plus pour lui ; il n'y a plus qu'une association de libertinage. Les enfants qui lui viennent lui sont une gène, il les livre à eux-mêmes, sans autre enseignement que le spectacle de sa propre dépravation : préparant ainsi le châtiment qu'il mérite pour l'abandon de ses vieux parents. Et, de génération en génération, le mal va en augmentant, à mesure que se perd la tradition, le sentiment religieux, l'esprit de famille, l'amour du foyer, l'habitude de l'épargne; chaque génération valant encore moins que celle qui l'a précédée. — Que l'on s'étonne après cela, si les bons employés sont deve-

nus si rares ; si les serviteurs fidèles sont passés à l'état
de légende ; si les ouvriers n'ont plus que de la haine
pour celui qui les emploie.

Le patriotisme doit-il survivre à l'extinction de tous
les autres sentiments généreux? Ce serait s'abuser
étrangement que de le croire. Sans famille, sans foyer,
sans épargne, il n'y a plus de patrie pour ces âmes
abaissées, il n'y a que le coin de terre sur lequel le hasard a jeté chaque individu.

Il arrive un moment où, le bien et le mal n'existant
plus pour le paupériste, il n'y a pour lui qu'une somme
plus ou moins grande de jouissances à conquérir; et, s'il
ne peut en combler la mesure, plutôt que de vivre des-
hérité de son grossier idéal, il sacrifiera tout pour un
jour de monstrueuse et dégoûtante débauche, quitte à
s'ensevelir ensuite sous des ruines.

Telle est l'armée que le paupérisme met à toute heure
à la disposition des déclassés, des médiocrités impuis-
santes et haineuses, qui veulent tenter une révolte contre l'ordre social.

Depuis longtemps déjà le paupérisme minait sourde-
ment la société; mais, jusqu'à ces dernières années, il
était sans force : ses adeptes, n'ayant pas encore leur
symbole, ne formaient pas un secte sociale à part dans
l'Etat. C'est en septembre 1864 que les paupéristes se
réunirent et baptisèrent leur église du nom de « Société
*internationale* des travailleurs » : ils lancèrent un programme, et ce nouveau symbole, qui croît et s'accentue
chaque année dans leurs conciles annuels (1), compte

(1) Les fondateurs de l'Internationale s'étaient d'abord contentés, en 1864, dans les considérants de leur réglement provisoire, d'indiquer modestement « l'émancipation économique des
travailleurs » comme le grand but de l'Internationale; voici ce
qu'écrivait déjà, en 1867, un des organes les plus autorisés de
cette société, un de ses principaux fonctionnaires :

« Le programme de la société internationale doit être : l'abo-

déjà par millions le nombre de ses adhérents. Le paupérisme est la religion nouvelle, et sa cause finale est la destruction de la civilisation que nous devons au christianisme.

L'insurrection de Paris n'est donc pas un fait isolé et monstrueux (1), c'est la manifestation naturelle d'un état pathologique que beaucoup de personnes pressentaient, sans se douter cependant qu'une crise aussi aiguë se produirait si prochainement. Manifestation prématurée : l'*Internationale*, vieille seulement de 6 ans, n'était pas encore de force à dévorer le monde ; elle n'a fait

lition de toutes les religions, de la propriété, de la famille, de l'hérédité, de la nation.

« Lorsque la Société Internationale des travailleurs aura éteint chez tous les travailleurs le germe de ces préjugés, le capital sera mort.

« Alors la Société sera fondée sur des bases indestructibles. Alors le travailleur aura réellement droit au travail; alors la femme sera libre ; l'enfant aura réellement droit de vivre sous l'égide de la Société, qui ne sera plus marâtre.

« Mais que l'on ne s'abuse pas, que les rêveurs ne cherchent pas de système pour arriver à une solution que la force seule peut donner.

« La force, voilà ce qui donnera aux travailleurs le sceptre du monde; hors de là, rien ne peut les tirer de l'ornière de la routine et de la civilisation moderne.

« Lorsque deux puissances contraires sont vis-à-vis l'une de l'autre, il faut, sous peine de se neutraliser, que l'une des deux soit anéantie. » Edwards Sunnez, sécrétaire de l'*Internationale*,— manifeste déjà cité, p. 15.

(1) Nous citerons encore à l'appui de notre dire les lignes suivantes, que le *Journal officiel* du 13 juin 1871, emprunte au *Journal des Débats*: « Des circonstances malheureuses ont amené l'Internationale à choisir Paris pour son premier champ de bataille ; mais elle pourrait probablement mettre en ligne dans n'importe quelle autre des capitales de notre vieux monde des forces relativement aussi considérables que celles qu'elle vient de déployer contre nous. »

qu'essayer ses jeunes phalanges, qu'elle s'efforce déjà de reconstituer, en annonçant même une prochaine revanche (1). Manifestation que nous devons regarder comme un bienfait, si elle peut nous ouvrir les yeux, nous montrer le précipice vers lequel nous roulions et nous donner la force nécessaire pour nous arrêter sur la pente fatale : car, cela n'est que trop certain, quelques années encore de fausse sécurité, et la crise nous eût été funeste.

Mais, ajoute-t-on quelquefois, à supposer que l'Internationale vienne à triompher, où cela nous mènerait-il ? Cela nous mènerait à être dévorés par les sectaires, qui ne feraient qu'une bouchée des capitaux et des capitalistes, sauf ensuite à se dévorer entre eux : et alors commencerait pour le monde actuellement civilisé une nouvelle ère de barbarie plus odieuse encore que les précédentes, car ce qu'elle conserverait de notre civilisation lui serait comme un stigmate de sa honteuse origine.

(1) Tout le monde a lu cette phrase du docteur Bebel, un des fervents apôtres de la religion nouvelle : « Les événements de Paris ne sont qu'un combat d'avant-postes. »

Nous lisons dans une brochure du même publiciste les lignes suivantes : « Nos ennemis nous croient accablés sous le poids des événements de Paris. Il importe peu de les détromper, mais ce qu'il faut bien persuader aux travailleurs de toutes les nations, c'est que l'Association n'a rien perdu de ses moyens d'action. »

On a vu aussi, dans tous les journaux, la reproduction des affiches pleines de provocations odieusement insensées, que le Comité central a eu l'audace de faire placarder dans Paris moins de 15 jours après la répression sanglante dont cette ville a été le théâtre.

# LE SALUT

## Le Patronage

La Réforme morale — Les Sociétés de patronage
Les hautes Etudes
La Liberté testamentaire — La Reconstitution des Provinces


Le torrent dévasteur, qui menace de nous engloutir, nous a déjà montré sa fatale puissance. Après ses premiers débordements nous sommes parvenus à le faire rentrer dans son lit fangeux ; et, croyant l'avoir sûrement endigué, une fois les désastres à peu près réparés, nous nous sommes abandonnés à une trompeuse sécurité ; mais le flot monte toujours, et, si nous nous endormons, il finira par nous submerger. Remontons-donc jusqu'à sa source pour arriver à la tarir, en détournant les eaux sauvages qui l'alimentent et le grossissent chaque jour.

Le paupérisme est ce torrent dévastateur ; mais sa source est dans notre insouciance, dans notre égoïsme, dans notre immoralité, dont il faut triompher, sinon par vertu, du moins par nécessité, — elle est aussi dans quelques-unes de nos institutions, qui appellent une réforme immédiate.

On va se trouver naturellement porté à chercher le salut dans l'écrasement de l'Internationale ; certes nous ne protesterons pas contre cette mesure au nom des principes libéraux, car rien n'est plus capable de désaffectionner de ces principes que l'abus que l'on en fait parfois. Nous sommes d'une génération naturellement enthousiaste de la liberté par l'effet d'un juste esprit de réaction. Nous avons vu à l'œuvre un gouvernement fort, et nous avons flétri le honteux usage qu'il faisait de la force ; nous l'avons vu saper les fondements de l'ordre social par la protection même qu'il prétendait lui donner : quand, par exemple, il baillonnait la presse honnête pour favoriser les publications les plus malsaines, quand il clouait au pilori une société aussi respectable et aussi méritante que la société de St-Vincent-de-Paul, à côté de la franc-maçonnerie qui devait bientôt aller traîner ses bannières dans la boue des remparts de la Commune. Alors, de nos cœurs indignés s'échappait ce cri : « Soyons libres ! »

Mais, — nous mettant en garde contre une trop violente réaction, — ce que nous réclamions, ce n'était pas la licence, c'était le droit d'agir librement dans la mesure de ce qui est honnête et moral ; mesure arbitraire, dira-t-on, — non, car le type en est profondément gravé au fond de toutes les consciences. C'est parce que ces aspirations étaient essentiellement justes et légitimes qu'elles n'ont pu être modifiées en rien par tous les changements qui sont survenus: nous ne voulons pas du despotisme, non seulement dans la crainte de le voir tomber en des mains perverses, mais parce que le despotisme est immoral en lui-même par l'abaissement qu'il imprime aux cœurs et aux intelligences ; nous voulons toujours être libres, parce que pour nous sauver il faut des hommes, et que la liberté est seule capable d'en créer, — il faut que nous soyons forts, et on n'est fort que quand on est libre.

La liberté est pour nous la condition première et essentielle du salut ; or, elle ne peut exister qu'autant que tous les excès sont sévèrement réprimés : l'Interna-

tionale n'a donc rien à attendre de la liberté que nous ré-
clamons. Mais, si l'on se bornait à une sévère répression, à un moment donné, sous un nom ou sous un autre, l'association qui nous menace renaîtrait plus forte et
plus violente : elle aurait puisé dans le sang de ses soit-
disant martyrs une sève plus corrosive. La persécution
serait aussi inefficace contre le paupérisme qu'elle l'a été,
mais par des motifs bien différents, contre le christianisme : il est vrai que rien ne pouvait empêcher le triom-
phe du christianisme, parce qu'il est la loi de vérité et
d'amour; tandis que nous pouvons extirper le paupérisme,
qui est la loi de mensonge et de haine.

La première condition pour arriver à l'amélioration
de notre état social est le rétablissement de la stabilité
politique, sans laquelle les esprits n'ont pas le calme in-
dispensable pour aborder avec fruit la grande question
des réformes nécessaires. Cette condition essentielle ne
peut être réalisée que par cette union intime et puissante
des classes dirigeantes qui donne à l'Angleterre la sécurité relative dont elle jouit : en un mot, il faut fonder
en France ce que quelqu'un a appelé « le grand parti des
hommes honnêtes de tous les partis. »

Ce calme une fois obtenu, bien des esprits seraient
portés à se déclarer satisfaits : au-delà et au-dessus de la
question politique, ils ne voient pas la question sociale,
qui est, à proprement parler, la grosse affaire à notre
époque. Il ne faut pas les laisser s'endormir, comme
cela leur est arrivé déjà tant de fois, car le réveil serait
prochain et terrible au-delà de toute expression : c'est
pourquoi on ne doit pas cesser de leur répéter que cette
sécurité sera trompeuse, qu'elle ne sera qu'un court ré-
pit, si on n'en profite pas pour appliquer au mal du
paupérisme les remèdes capables de le faire disparaître.

Ces remèdes sont naturellement indiqués par la défi-

nition même que nous avons donnée du mal, et par l'é-
numération que nous avons faite de ses causes.

Nous avons surtout insisté sur les funestes consé-
quences de l'affaiblissement du patronage, en donnant à
ce mot son acception la plus large et entendant par là la
sollicitude bienveillante et moralisatrice du maître pour
ses domestiques, de l'industriel pour ses ouvriers, du
commerçant pour ses commis, du chef de service pour
ses employés, et en général toute action ayant pour
but de protéger et de rendre meilleurs ceux sur lesquels
notre position nous donne une certaine influence.

Le paupérisme est né de la mort du patronage, il ne
peut mourir que de sa résurrection : nous devons, par
la pratique de cette antique et sainte coutume, rendre
aux paupéristes tout ce que nous leur avons fait perdre
en cessant de les patroner.

Sans doute, la tâche du patron est devenue bien
difficile ; mais, avec de l'énergie et du dévouement, si
tout le monde sent la nécessité d'y coopérer, elle rede-
viendra de jour en jour plus facile. Ne perdons pas de vue
qu'il a fallu plusieurs générations pour nous faire tomber aussi bas, et ne nous étonnons pas s'il faut l'effort
de plusieurs générations pour nous ramener à notre
point de départ ; la réhabilitation sera même incompa-
rablement plus lente que la chute : car le bien ne s'im-
provise pas aussi vite que le mal.

Courage donc, et quelque minime que doive être notre part dans l'œuvre de salut, travaillons-y sans relâche
et sans faiblesse. Que le patron, — dût-il être mal ré-
compensé dans les premiers temps, — s'efforce de méri-
ter l'amour et le respect de ceux qu'il a sous sa dépen-
dance ; qu'il les moralise d'abord par son exemple ;
que par son ascendant il les amène à fonder autour de
lui de nombreuses familles-souches (1), propriétaires

(1) Sur les caractères de la famille-souche, et son excellence

de leur foyer, où chacun des membres puise naturellement des sentiments religieux, l'amour du foyer et de la
famille, avec la précieuse habitude de l'épargne (1). Quant
à ceux qui agissant ainsi seront obligés de restreindre
un peu leurs profits, qu'ils sachent bien que cette di-
minution n'est au fond que le paiement d'une prime
d'assurance sans laquelle ils ne seraient jamais sûrs de
jouir en paix, eux et leurs enfants, des gains trop facile-
ment et trop promptement amassés.

C'est par la pratique assidue de toutes les vertus, que
nous remédierons plus efficacement à l'effet déplorable
qu'a produit jusqu'ici notre égoïsme, notre orgueil, notre amour du luxe, et surtout notre immoralité (2).
Mais cette réforme morale ne serait pas toujours suffisante, elle serait en tous cas trop difficile, si on ne la
complétait par une institution du genre de celle dont
nous allons parler, et si on ne l'encourageait par certai-

comme type de famille, voir M. F. Le Play. — *La Réforme
sociale*, tome I, page 327 et suivantes.

(1) La tâche du patron pourrait être facilitée par certaines mesures législatives, principalement par celles que l'on prendrait
en vue de réprimer l'ivrognerie et qui sont réclamées en ce moment par les personnes les plus compétentes, entre autres
M. Falconnet, président de chambre à la Cour d'appel de Paris,
qui vient d'adresser une pétition dans ce sens à l'Assemblée
nationale.
Nous signalerons encore, à cause de son importance, non plus
précisément dans le domaine législatif, mais plutôt dans le domaine réservé à l'initiative des patrons, la nécessité et l'urgence
des mesures propres à favoriser le repos du dimanche et à restreindre les débauches du lundi. Régulariser et moraliser le repos
dominical, tel doit être le point de départ et le fondement de
toutes les réformes dans la classe ouvrière.

(2) Certaines lois pourraient contribuer très-efficacement à la
réforme de nos mœurs ; et, en première ligne, celle qui réprime-
rait la séduction en rendant les hommes responsables, envers les
filles, du préjudice qu'ils ont causé.

nes dispositions d'ordre public dont nous dirons aussi quelques mots.

Parmi les causes qui ont plus puissamment entravé le patronage, il en est une qui est le produit des découvertes modernes dans l'ordre scientifique et dans l'ordre économique : c'est l'extension de la grande industrie. Il y a là un fait acquis contre lequel on ne peut pas lutter : il faut donc accepter la situation telle qu'elle est ; mais, sans renoncer à l'avantage économique, on peut, dans une certaine mesure, parer au désordre social qui en résulte.

Un patron qui occupe mille, deux mille, dix mille ouvriers, et quelquefois plus, ne peut évidemment s'occuper de chacun d'eux et l'entourer de toute la sollicitude désirable. Qu'est-ce donc quand, au lieu du patron, il n'y a plus qu'une société d'actionnaires représentée par un gérant, dont le mandat a toujours un caractère plus ou moins provisoire ! Pour obvier à ces inconvénients, la charité chrétienne toujours si ingénieuse a mis des société de patronage en regard des sociétés d'actionnaires. Ce sont ces sociétés qu'il faut étendre et multiplier.

Au temps héroïque de l'Église, quand elle venait de soulever le monde chrétien contre l'Islamisme, des hommes pleins de courage et de dévouement s'enrôlaient dans l'ordre de la Merci pour aller soutenir le courage des captifs chrétiens et adoucir leur sort : captifs volontaires, ils allaient s'asseoir sur les bancs des galères pour redire à leurs frères malheureux de sublimes paroles d'amour et d'espérance. A notre époque, une tâche nouvelle s'offre à l'inépuisable charité : tâche qui aurait bien aussi sa noblesse, car elle ne manquerait ni d'amertume ni de danger. Celui qui parviendrait à grouper, à régulariser et à organiser fortement une association, laïque ou religieuse, de personnes entièrement et exclusivement consacrées au patronage, celui-là mériterait de voir son nom placé dans l'histoire à côté de ceux de tous les grands bienfaiteurs de l'humanité; à côté, sinon au-dessus de celui de saint Bruno: car ce ne sont plus seulement les chefs-d'œuvre de l'esprit humain qu'il s'agit de sauver, comme l'ont fait les bénédictins, c'est la civilisation elle-même qu'il s'agit de sauvegarder. Nous ne nous dissimulons pas qu'une telle institution soulèverait certainement de nombreuses objections, que nous comprenons même jusqu'à un certain point ; mais devons-nous, quand la maison brûle, chercher querelle à ceux qui viennent combattre l'incendie et les éconduire, dans la crainte chimérique qu'ils n'abusent ensuite de la position d'obligé, que nous aurions vis-à-vis d'eux.

Les efforts que l'on fait dans cette voie viennent souvent se briser contre un écueil qu'il peut être bon de signaler pour épargner de funestes découragements. Certaines personnes sont trop disposées à faire un appel prématuré à la religion, tandis que cette fleur pure et sublime ne peut s'épanouir immédiatement dans des cœurs où les passions mauvaises ont poussé de si profondes racines. L'individu qui a rejeté la religion pour s'abandonner à toute la fougue de ses passions, n'y reviendra que quand cette efferscence aura commencé à se calmer. Si l'on ne veut pas accepter ce délai, on sera mis de suite en suspicion et définitivement rebuté, ou bien, ce qui est pis encore, on n'obtiendra que de l'hypocrisie. — Par des lectures, des conversations, des conférences, par tous les moyens que le zèle suggérera, il faut d'abord donner un nouvel essort à la vie intellectuelle (1),

(1) Prenez des hommes du peuple à la sortie des grands concerts populaires, ou des belles conférences que quelques hommes de bien, d'un esprit élevé, vont faire dans les centres populeux, et vous serez étonné de voir comme ils comprendront votre appel à la raison, au sentiment moral et religieux. C'est tout d'abord ce peuple si intéressant, et parfois si malheureux, qu'il faut arracher à ses odieux meneurs.

en relevant ces intelligences abruties par la débauche
et les lectures malsaines. La vie morale reviendra ensuite comme d'elle-même. Enfin, après avoir présidé
indirectement à toutes les phases de cette œuvre de ré-
demption, la religion l'achèvera et la consolidera.

Dans la première partie de cette étude nous avons
signalé, comme un des principaux obstacles au patronage, la brusque rupture qui s'est opérée dans la tradition, et le bouleversement de la coordination sociale. Il
ne suffit plus, avons-nous dit, d'une certaine position
pour faire accepter le patronage, il faut un mérite réellement supérieur : de là, trop souvent, le manque de
subordination qui nous caractérise d'une manière si
fâcheuse. Quelques corps puissamment constitués ont
conservé cependant une admirable discipline, les ponts-
et-chaussées, le génie, l'artillerie, en ont donné de glorieuses preuves dans ces derniers temps. (1) — C'est une
triste propension que celle que nous avons généralement
à aller chercher au-dehors des exemples que nous pouvons trouver chez nous. Au lieu de demander le secret
de la discipline à la Prusse, demandons-le aux corps
qui chez nous ont su la conserver ; ce sera plus patrioti-
que, et nous éviterons ainsi l'éternelle objection tirée du
génie national. — Ce qui fait la supériorité des corps
que nous avons cités, c'est le mérite réel des chefs,
assuré et certifié par un recrutement exceptionnel.

Les études baissent en France, et il s'établit un niveau

(1) Si nous ne parlons pas de la marine, qui s'est illustrée pendant la dernière guerre autant par sa discipline que par sa bra-
voure, c'est que le sentiment de la responsabilité et par suite de
l'immense autorité des chefs s'y impose, en dehors de toute autre
cause, par les exigences d'un service tout exceptionnel : ce qui
ne permet pas de prendre utilement ce corps comme terme de
comparaison. Ses autres éléments de supériorité sont d'ailleurs en
grande partie les mêmes que ceux des corps que nous signalons.

commun de médiocrité qui paralyse l'influence des classes dirigeantes. Sans remonter jusqu'au baccalauréat, et revenir sur les reproches trop légitimes qu'on lui a adressé, on peut constater que les facultés qui n'ont pas un intérêt professionnel sont généralement délaissées, et contribuent par conséquent fort peu au progrès intellectuel du pays. On s'en tient la plupart du temps aux premières notions de chaque science, notions d'autant plus superficielles que l'on est obligé d'embrasser un plus grand nombre de sujets ; le reste est abandonné aux défaillances de l'initiative individuelle laissée sans impulsion et sans direction. La première chose à faire, pour remédier au mal, est certainement de proclamer la liberté de l'enseignement supérieur, que réclament si justement et si énergiquement les personnes les plus compétentes. Mais cette mesure serait insuffisante, si on ne donnait en même temps une large extension du système qui, dans les carrières scientifiques, a produit de si heureux résultats.

Disons-le nettement, nous voudrions que l'on fondât une grande école, qui serait à l'Académie des Sciences morales et politiques, ce que l'Ecole polytechnique est à l'Académie des Sciences. Cette école, dont la constitution serait calquée sur celle de son aînée, (1) contribuerait

(1) Les élèves reçus au concours, après de sérieux examens, seraient *casernés* et porteraient un *uniforme*. En sortant, ils recevraient un diplôme constatant leur titre d'ancien élève et le rang qu'ils auraient obtenu. Ceux qui voudraient suivre les carrières publiques entreraient alors dans des écoles spéciales d'application analogues aux écoles des Ponts-et-Chaussées, des Mines, etc. Pour la diplomatie, l'administration, la magistrature, par exemple, on suivrait pendant deux années, sans être casernés, des cours spéciaux à l'Ecole des Chartes, à l'Ecole d'administration, qui est encore à fonder, ou à la Faculté de droit. Ces sujets d'élite, triés avec soin dès le début, et soumis pendant plusieurs années à une savante gymnastique intellectuelle, seraient l'honneur des carrières qu'ils embrasseraient et en relèveraient considérablement le niveau.

puissamment à relever chez nous le niveau des connais-
sances, en donnant une forte impulsion à certaines
études qui, comme la philosophie, sont aujourd'hui trop
délaissées ; et, en assurant, au moins en partie, à certaines carrières un recrutement supérieur, elle donne-
rait à ceux qui les parcourent une plus haute influence.

Nous prévoyons bien des objections ; nous allons
tâcher de réfuter immédiatement celles qui nous paraissent les plus sérieuses. On dira d'abord que cette
institution tendrait à créer des vérités officielles dans
le domaine moral ; mais nous avons déjà les Facultés, où
l'on donne un enseignement analogue, — avec plus de
profit, il est vrai, pour le professeur, qui y trouve une
position, que pour les élèves trop rares et trop peu
assidus ; — on a d'ailleurs la ressource de donner à
l'enseignement une direction plutôt critique que dogma-
tique.

On objectera encore qu'une des forces de l'Ecole polytechnique est la garantie que l'on a en y entrant d'avoir
à la sortie une carrière toute tracée, tandis qu'on ne
peut donner la même assurance à ceux qui se lancent
sur le terrain mouvant de la politique. Mais la stabilité
n'existe-t elle pas dans les administrations centrales,
dans la magistrature ; et n'y aurait-il pas avantage pour
le pays à ce qu'elle se trouvât forcément étendue à quelques-unes des autres carrières qui pourraient se recruter
en partie à la nouvelle école? Quant à ceux qui voudraient se lancer dans l'administration militante, ils
sauraient à quelles chances ils s'exposeraient, et seraient-
ils révoqués qu'il leur resterait encore les éléments de
supériorité qu'ils auraient acquis et qui seraient consa-
crés par un titre toujours précieux Le nombre des dé-
missionnaires augmente chaque année à la sortie de
l'Ecole polytechnique, et nous n'avons entendu aucun
d'eux regretter le temps passé à l'École.

On criera peut-être aussi au privilége, au monopole, au mandarinat, comme on l'a fait à tort pour certains des corps que nous avons cités plus haut et qui viennent de se laver de ce reproche, en prouvant la supériorité de leur organisation. Nous ne voulons cependant pas établir des carrières fermées; et d'ailleurs, y a-t-il bien grand mal à ce qu'une carrière ne soit pas accessible à tous, à tous les degrés de la hiérarchie, quand, au début, tout le monde a pu concourir pour y entrer.

La tradition n'a pas été rompue seulement par la force des évènements, quelques dispositions législatives ont puissamment contribué à ce funeste résultat, et il faut aujourd'hui revenir, dans une certaine mesure, sur ces dispositions, pour en atténuer les fâcheux effets.

Les sectaires qui mettent en ce moment la société en péril se sont contentés de suivre, en les poussant à outrance, tous les anciens errements. Leurs devanciers, foulant aux pieds l'autorité et les droits du père de famille, avaient disposé des héritages ainsi qu'il convenait à leurs passions; eux, ils ont voté la suppression de l'hérédité : répondons-leur par la liberté testamentaire (1). Les hommes de 93 avaient dépouillé et décapité toutes les grandes familles, coupables de n'avoir pas assez maintenu la tradition, mais qui en restaient cependant encore les plus sûrs dépositaires ; les vandales de la commune ne se sont pas arrêtés là, un nouvel attentat restait à commettre, ils ont pris à tâche d'anéantir nos monuments historiques, témoins séculaires de notre grandeur ; répondons-leur par la reconstitution de nos glorieuses provinces.

De nombreuses raisons militent pour ou contre le

(1) Nous entendons par là, comme M. F. Le Play, (La *Réforme sociale*, tome I, p. 248), le droit pour le père de famille de disposer de la plus grande partie, ou du moins de la moitié de sa fortune, quelque soit le nombre de ses enfants.

partage forcé des successions. Certaines personnes trouvent qu'il est juste et moral de lier les mains au père de famille ; d'autres estiment que cette contrainte est surtout bonne à ruiner, dans leur principe la propriété, et la famille. Mais, — à part le morcellement infini du sol qu'amène le partage forcé, à part l'obstacle invincible qu'il apporte à la colonisation, à part une foule d'autres considérations, — un fait de premier ordre domine pour nous toute la question : sans liberté testamentaire nous n'aurons pas de tradition, pas de patronage, et partant point d'ordre social.

Si, à chaque génération, le partage forcé met sous le coup d'une licitation la chaumière, le château, l'usine, on n'aura, à tous les degrés de l'échelle sociale, que des familles instables éminemment impropres au patronage. Et, si l'on ne peut arriver à fonder ainsi dans les campagnes des influences durables et suffisamment élevées, le résultat sera encore bien plus déplorable dans le commerce et dans l'industrie. Pour que le patronage soit florissant, il faut que, à part de rares exceptions, les mêmes familles fournissent les générations successives de maîtres et d'ouvriers : or, dans les conditions actuelles, et avec les énormes capitaux que nécessitent ces entreprises, il est presque impossible qu'un des enfants puisse continuer à lui seul le commerce ou l'industrie que le père a fondé et successivement accru ; l'entreprise passe alors à un étranger, et le plus souvent à une société d'actionnaires. Il en résulte que le père de famille, répétant le mot funeste de Louis XV « après moi le déluge », ne s'ingénie pas à préparer l'avenir de ses enfants par sa sollicitude pour ses ouvriers ; il songe uniquement à tirer le plus de profit possible de cet instrument de fortune qu'il a entre les mains, et qui doit échapper à ses descendants.

La réorganisation des provinces n'importe pas moins

à la tradition que la liberté testamentaire. Tout d'abord
on renouerait solidement la tradition dans le passé ; et
cela sans aucun danger, car il ne vient à l'esprit de
personne que des idées séparatistes puissent encore
surgir. Croit-on par hasard que l'Alsace se fût séparée
de nous avec moins de regret si ses départements
avaient eu entre eux quelques liens administratifs ?
Non : l'union est faite maintenant, et rien ne pourra
prévaloir contre elle ; pas même les efforts momentanément victorieux de nos ennemis, si nous avons l'énergie de nous préparer à la revanche par des réformes
sérieuses.

Nous ne demandons pas que l'on détruise la division
en départements, qui a été heureusement conçue dans le
principe et a reçu depuis la consécration que donne une
longue habitude ; ce que nous demandons, c'est une
large décentralisation qui rende une certaine autonomie,
fort restreinte d'ailleurs et purement administrative, aux
groupes de départements représentant à peu près les
anciennes provinces dont ils prendraient les noms.

On diminuerait par cette mesure le nombre des
ouvriers nomades, les plus dangereux de tous, qui pro-
mènent dans toute la France leur paresse et leur ivrognerie : si un Sommois fait peu de difficultés pour quitter
la Somme, un Picard, quand la tradition aura repris
quelque puissance, y regardera à deux fois avant de
quitter la Picardie pour aller s'établir dans une autre
province. D'un autre côté, la décentralisation ouvrant,
dans les provinces, une plus vaste carrière à l'activité de
chacun, on verrait diminuer l'absenthéisme, et la tradition reprendre une nouvelle vigueur : alors se fonde-
raient tout naturellement des influences locales plus
nombreuses et plus bienfaisantes (1).

(1) Parmi les nombreux systèmes de réorganisation administrative que l'on propose en ce moment, nous en indiquerons un,

Et puis, faut-il le dire, au milieu de l'affaissement général tant de fois signalé, doit-on négliger rien de ce qui peut encore faire vibrer les fibres généreuses : nous avons là des trésors de patriotisme, ne les laissons pas sommeiller (1).

qui nous était exposé par M. Choppin, préfet de l'Oise, dans une conversation récente, et dont les nombreux avantages nous ont vivement frappé.

La haute administration de la province serait confiée à un gouverneur, qui aurait auprès de lui un conseil de gouvernement, divisé en sections, comme l'était le conseil d'Etat sous l'empire. A ce conseil seraient attachés des auditeurs, qui pourraient être mis en service extraordinaire auprès des préfets, et les aider à titre provisoire dans l'administration d'un département, en remplacement des sous-préfets, qui seraient supprimés, de même que les conseils de préfecture, qui seraient fondus dans le conseil de gouvernement. Tous ces fonctionnaires devraient appartenir à la province, mais on pourrait éviter de les employer dans leur propre département.

Ceux des auditeurs qui ne passeraient pas conseillers seraient pour les fonctions électives, d'excellents candidats présentant le mérite rare aujourd'hui d'avoir acquis l'expérience de l'administration sans cesser de vivre de la vie de la province. D'autres se retireraient définitivement dans leurs domaines, et on pourrait leur conférer une haute magistrature de justice de paix.

La magistrature proprement dite serait soumise nécessairement à une réorganisation analogue, et on pourrait espérer de voir renaître ces grandes familles de magistrats, qui, dans les Parlements, ont été la gloire de nos provinces.

On satisferait ainsi à l'une des conditions que M. Le Play indique comme essentielle pour la réforme sociale : « attribuer peu à peu aux propriétaires ruraux, à mesure qu'ils s'en rendront dignes par la résidence permanente, les fonctions judiciaires, les fonctions administratives et les contrôles du gouvernement local.» — *La Réforme sociale*, conclusion.

(1) « Si, en refaisant des provinces considérables, on rétablit des noms qui sont mêlés à tous les événements de notre histoire, que tant de grands hommes ont illustrés, qu'on ne peut pas plus ignorer que celui de la France, soyez convaincus qu'on fait à la France un avenir en ranimant l'honneur de son passé. « *Journal*

Lorsqu'une des pages les plus glorieuses de notre histoire vient d'en être arrachée violemment, n'est-ce pas
le moment d'en restituer une autre, non moins illustre,
que nous finirions peut-être sans cela par laisser tomber
dans l'oubli? Nous n'avons pas assez d'argent pour re-
construire les Tuileries, mais nous avons assez de cœur
et de patriotisme pour rendre à nos grandes provinces
leur antique splendeur : si nous ne pouvons plus saluer
en passant les monuments historiques qui étaient la
gloire de notre capital, qu'au moins nous revoyons figu-
rer officiellement dans nos annales ces noms illustres de
Bretagne, Picardie, Bourgogne, Auvergne et tant d'autres. — L'Alsace et la Lorraine ne seront-elles pas plus
fières de revenir à nous avec ce nom aimé auquel
le malheur vient de donner une nouvelle consécration !

*officiel* du 29 mai 1871, — considérants du projet de loi sur la
décentralisation présenté à l'assemblée nationale par M. Raudot.
Nous sommes heureux de signaler les considérations empreintes
du patriotisme le plus élevé que développe l'honorable membre
de l'assemblée à l'appui de son projet de réorganisation des provinces, bien que nous soyons loin de partager toutes ses idées
sur la manière d'arriver à cette réorganisation.

Résumons cette étude en quelques mots :

Sans nous appesantir sur le caractère menaçant de *l'Internationale*, qui est évident pour tout le monde, nous avons montré l'origine du mal dans le paupérisme ; nous avons démontré que le salut pour la société et la civilisation était subordonné à la guérison de cette plaie sociale, et que cette guérison ne pouvait être l'œuvre que du patronage, exercé par les classes dirigeantes à la faveur du calme que doit nous procurer l'apaisement de nos discordes politiques.

Une large part dans cette grande entreprise est nécessairement abandonnée à l'initiative individuelle de chacun de nous. *Sursum corda !* Bannissons d'abord de nos cœurs la mollesse, l'égoïsme, l'orgueil, l'immoralité ; c'est là la première condition pour échapper au danger qui nous menace.

Pour tenir lieu autant que possible de l'action tutélaire du patron, qui fait si malheureusement défaut dans la grande industrie, nous avons signalé les services que pourraient rendre des associations charitables plus sérieusement et plus fortement organisées que ne l'ont été jusques ici les sociétés de patronage. Ce système peut avoir ses inconvénients, nous le reconnaissons ; mais alors qu'on se hâte de trouver mieux : car il est essentiel de modifier sans retard les déplorables conditions où se trouvent, au point de vue moral, les grandes agglomérations de travailleurs.

Pour rendre aux classes dirigeantes l'influence dont les prive le manque de tradition, et qu'une supériorité réelle peut seule leur assurer désormais, nous avons conseillé de donner un large développement à l'activité intellectuelle de ces classes. On fera un grand pas dans cette voie lorsqu'on affranchira de toute entrave l'enseignement supérieur ; mais nous avons surtout insisté sur les services que pourrait rendre une grande école consacrée à l'étude des sciences morales et politiques.

Enfin, pour refaire une tradition, nous ne voyons pas de meilleur moyen que de restituer au père de famille une liberté testamentaire plus étendue ; et, pour donner à cette tradition une nouvelle force, en la reliant aux plus glorieux souvenirs du passé, nous avons proposé, sous certaines réserves, la reconstitution de nos anciennes provinces.

Juin 1871.

Clermont-de-l'Oise. — Imprimerie A. Daix, rue de Condé, 27.

www.ingramcontent.com/pod-product-compliance
Lightning Source LLC
LaVergne TN
LVHW012308050726
842524LV00004B/1270